Alimentos blancos

Patricia Whitehouse

Traducción de Patricia Cano

Heinemann Library
Chicago, Illinois

© 2002 Reed Educational & Professional Publishing
Published by Heinemann Library,
an imprint of Reed Educational & Professional Publishing,
Chicago, Illinois

Customer Service 888-454-2279
Visit our website at www.heinemannlibrary.com

Designed by Sue Emerson, Heinemann Library
Printed and bound in the U.S.A. by Lake Book

06 05 04 03 02
10 9 8 7 6 5 4 3 2 1

Library of Congress Cataloging-in Publication Data
Whitehouse, Patricia, 1958-
   [White foods. Spanish]
   Alimentos blancos / Patricia Whitehouse.
   p. cm — (Colores para comer)
Includes index.
Summary: Introduces things to eat and drink that are white, from rice to milk.
   ISBN: 1-58810-792-2 (HC), 1-58810-839-2 (Pbk.)
   1. Food—Juvenile literature. 2. White—Juvenile literature. [1.Food. 2. White. 3. Spanish language materials.] I. Title. II. Series: Whitehouse, Patricia,1958- Colors we eat. Spanish.
   TX355. W483 2002
   641.3—dc21
                            200105150

Acknowledgments
The author and publishers are grateful to the following for permission to reproduce copyright material:
Title page, pp. 4, 5, 6, 7L, 7R, 8, 9, 10, 12, 13, 14, 15, 16, 17, 19 Michael Brosilow/Heinemann Library; p. 11 Greg Beck/Fraser Photos; p. 18 Amor Montes de Oca; pp. 20, 21L, 21R Craig Mitchelldyer Photography

Cover photograph by Michael Brosilow/Heinemann Library

Every effort has been made to contact copyright holders of any material reproduced in this book. Any omissions will be rectified in subsequent printings if notice is given to the publisher.

Special thanks to our bilingual advisory panel for their help in the preparation of this book:
Aurora García
Literacy Specialist
Northside Independent School District
San Antonio, TX

Argentina Palacios
Docent
Bronx Zoo
New York, NY

Ursula Sexton
Researcher, WestEd
San Ramon, CA

Laura Tapia
Reading Specialist
Emiliano Zapata Academy
Chicago, IL

Unas palabras están en negrita, **así.**
Las encontrarás en el glosario en fotos de la página 23.

Contenido

¿Has comido alimentos blancos?

Estamos rodeados de colores.

Seguro has comido algunos de estos colores.

Hay frutas y verduras blancas.

También hay otros alimentos blancos.

¿Qué alimentos blancos son grandes?

La **coliflor** es grande y blanca.

Es la flor de la planta de coliflor.

Este pan es grande y blanco.

El pan se hace con **harina.**

¿Qué otros alimentos blancos grandes hay?

Los **nabos** son grandes y blancos.

La parte blanca crece dentro de la tierra.

Esta cebolla es grande y blanca.

La parte blanca también crece
dentro de la tierra.

¿Qué alimentos blancos son pequeños?

Los **brotes de frijol** son blancos y pequeños.

Los brotes son plantas que empiezan a crecer.

Las palomitas de maíz son blancas y pequeñas.

Los **granos** de maíz se revientan cuando los calentamos.

¿Qué otros alimentos blancos pequeños hay?

El arroz es blanco y pequeño.

Para comerlo, hay que cocinarlo.

Estos huevos son blancos y pequeños.

La mayoría de los huevos blancos
son de gallina.

¿Qué alimentos blancos son crujientes?

Las **nueces de macadamia** son crujientes y blancas.

Las nueces son las semillas del árbol de macadamia.

La **jícama** es blanca y crujiente.

Comemos la raíz de la planta
de jícama.

¿Qué alimentos blancos son suaves?

Este **requesón** es blanco y suave.

Se hace de leche.

El puré de papas es blanco y suave.

Se hace con papas cocinadas.

¿Qué alimentos blancos se toman?

La leche es blanca.

Casi siempre tomamos leche de vaca.

La sopa de papa es blanca.

Se hace con papas y leche.

Receta blanca: Postre blanco

Pídele a un adulto que te ayude.

Primero, pon en una taza yogur de vainilla.

Échale por encima coco rayado.

Después, ponle crema.

Pon más capas hasta llenar la taza.

¡Disfruta tu postre blanco!

21

Prueba

¿Sabes cómo se llaman estos alimentos blancos?

Busca las respuestas en la página 24.

Glosario en fotos

 **brotes de frijol**
página 10

 **jícama**
página 15

 **coliflor**
página 6

 **granos**
página 11

 **requesón**
página 16

 **nueces de macadamia**
página 14

 **harina**
página 7

 **nabo**
página 8

23

Nota a padres y maestros

Leer para buscar información es un aspecto importante del desarrollo de la lectoescritura. El aprendizaje empieza con una pregunta. Si usted alienta las preguntas de los niños sobre el mundo que los rodea, los ayudará a verse como investigadores. Cada capítulo de este libro empieza con una pregunta. Lean la pregunta juntos, miren las fotos y traten de contestar la pregunta. Después, lean y comprueben si sus predicciones son correctas. Piensen en otras preguntas sobre el tema y comenten dónde pueden buscar la respuesta. Ayude a los niños a usar el glosario en fotos y el índice para practicar nuevas destrezas de vocabulario y de investigación.

Índice

Respuestas de la página 22

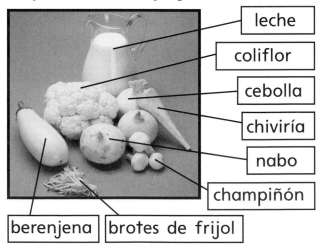

leche
coliflor
cebolla
chiviría
nabo
champiñón
berenjena
brotes de frijol